هَمْ! هَمْ!

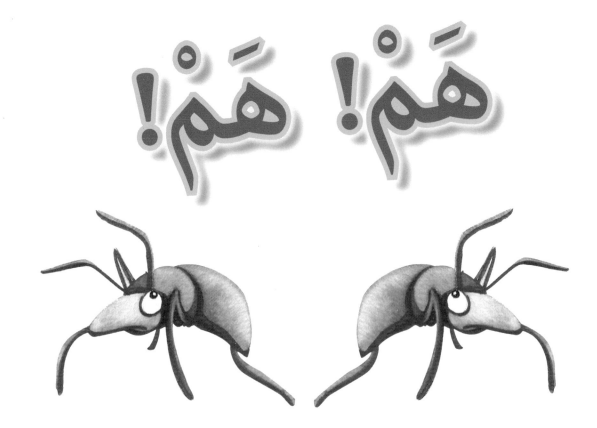

بِقَلَم: زوي كلارك

بِريشة: ساندرا اجيلار

Collins

هَمْ! هَمْ!
قَوْقَع!

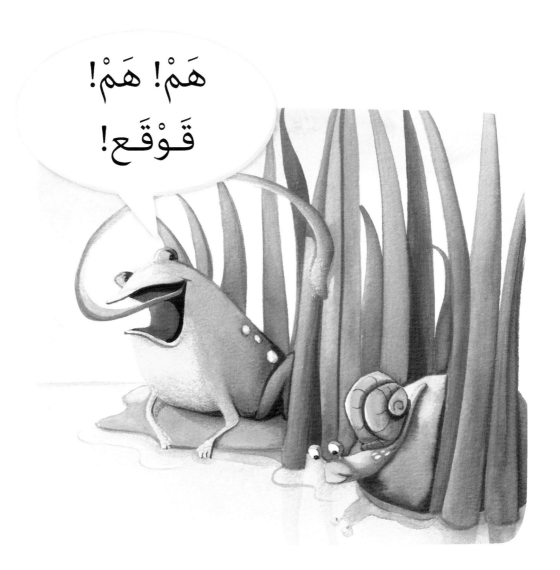

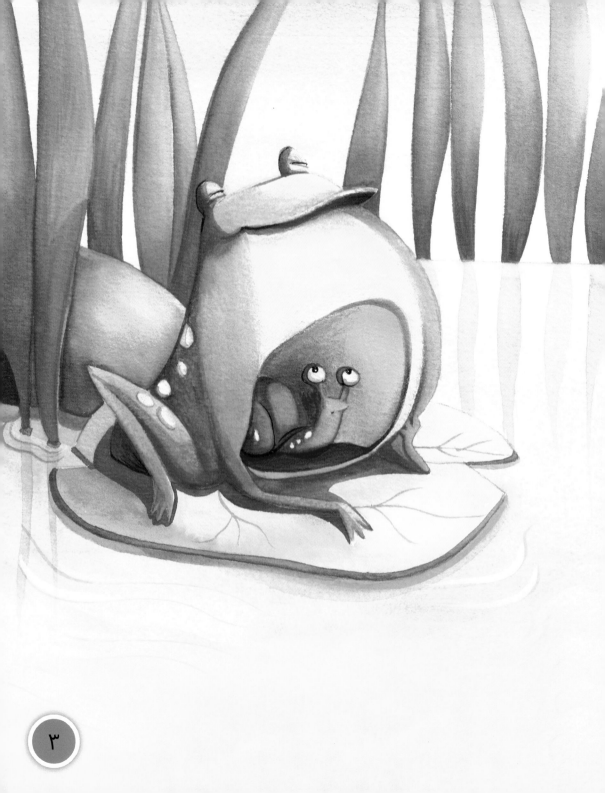

هَمْ! هَمْ!
خُـنْـفُس!

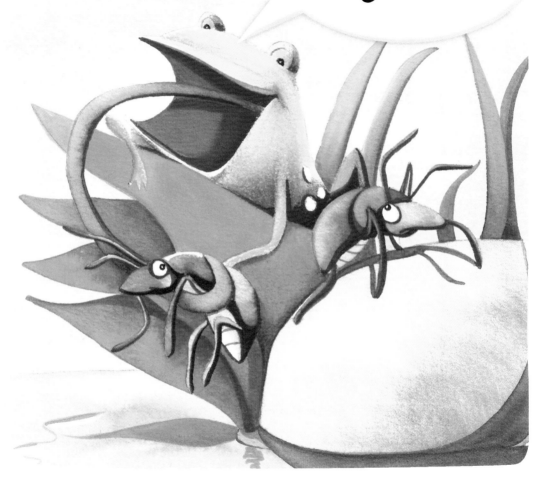

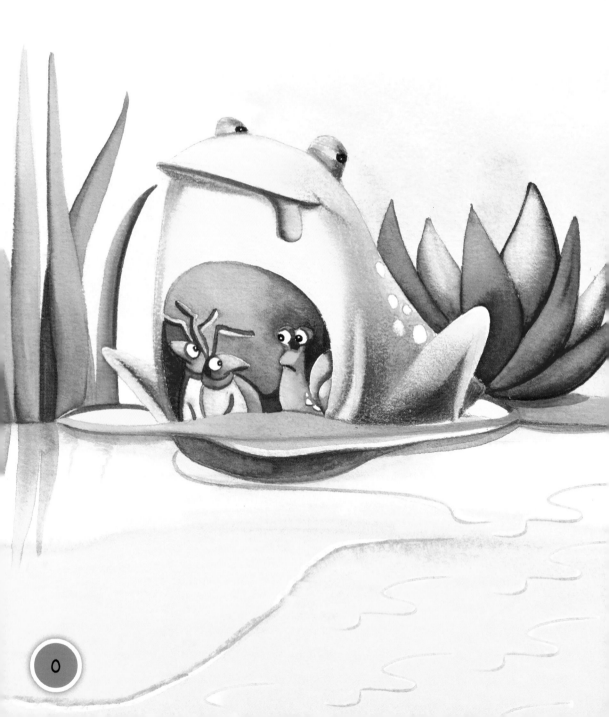

هَمْ! هَمْ!
دودَة!

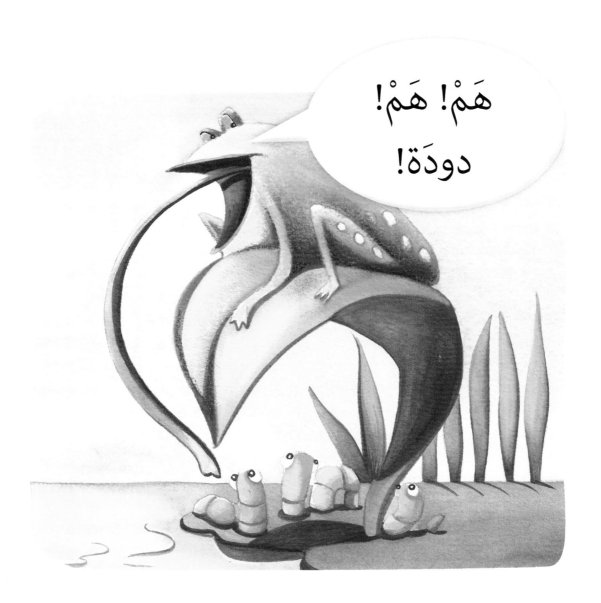

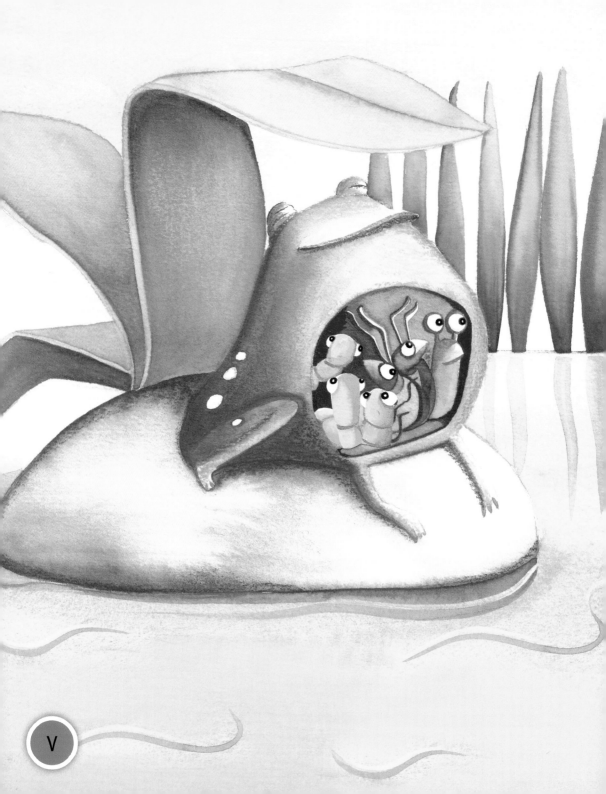

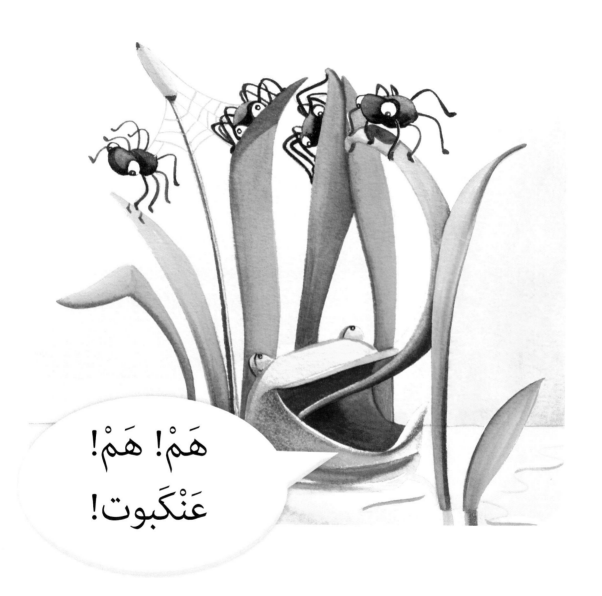

هَمْ! هَمْ! عَنْكَبوت!

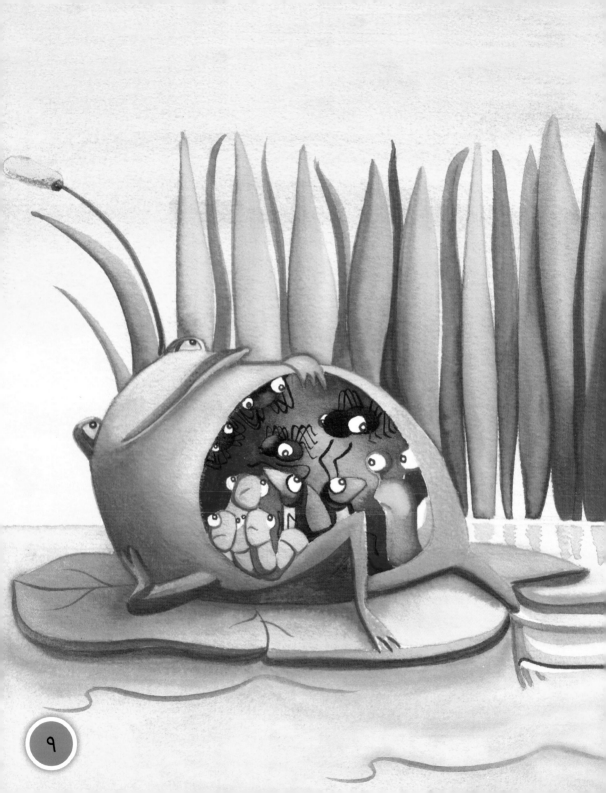

هَمْ! هَمْ!
ذُبابَـةٌ!

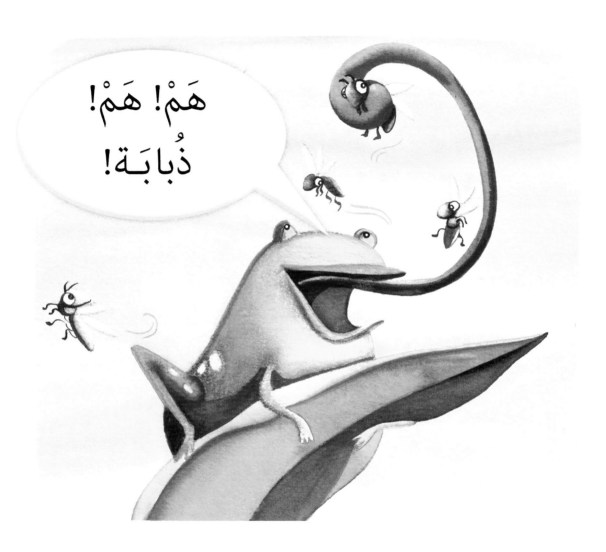

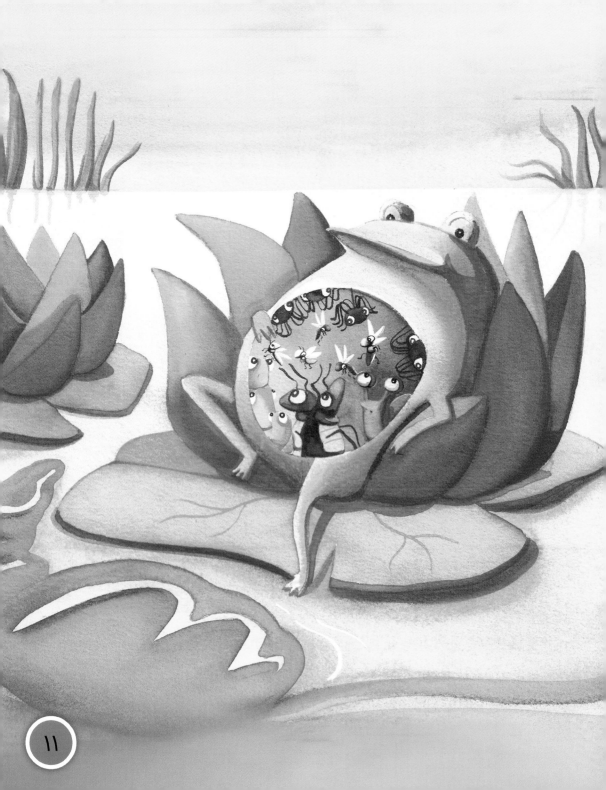

هَمْ! هَمْ!
ضِفْدَعَة!

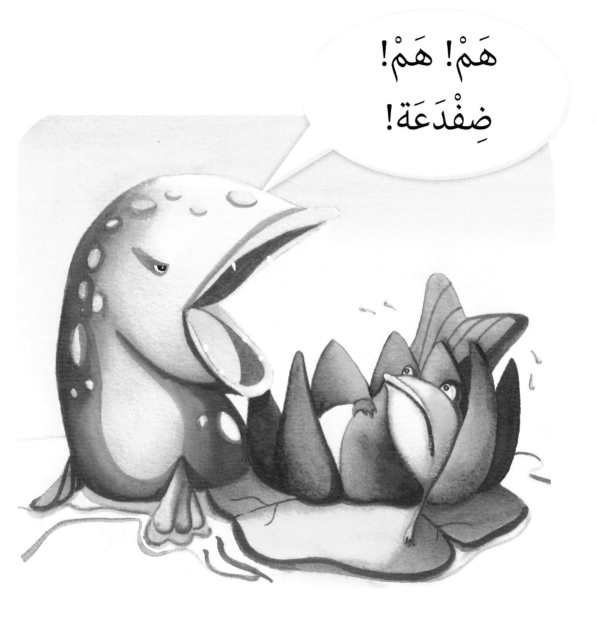

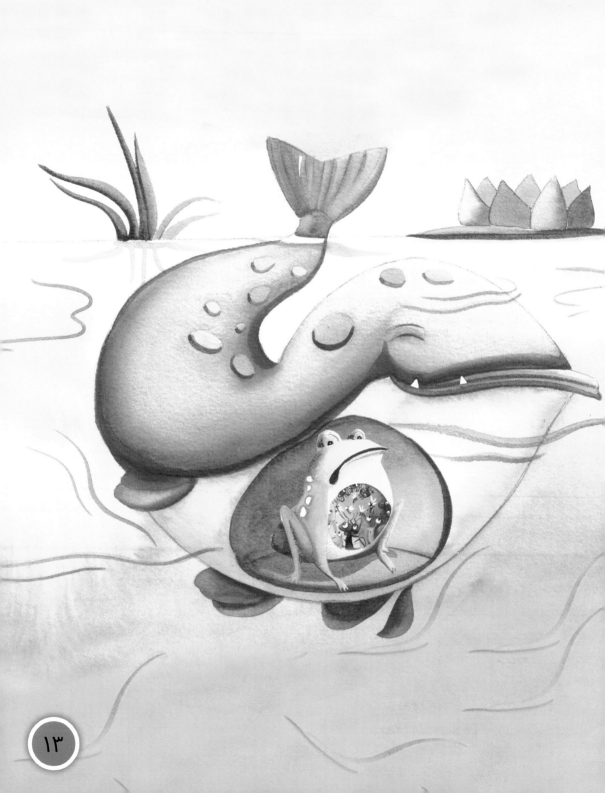

أفكار واقتراحات

الأهداف:

- قراءة النصّ بسلاسة.
- ملاحظة التّمييز نطقًا بين ا/و/ي ، وبين الفتحة والضمّة والكسرة.

روابط مع الموادّ التعليميّة ذات الصلة:

- مبادئ العلوم.
- مبادئ التعرّف على الحيوان والنبات.

مفردات شائعة في العربيّة: عنكبوت، دودة، ذبابة

مفردات جديرة بالانتباه: قوقع

عدد الكلمات: ١٨

الأدوات: لوح أبيض، ورق، أقلام رسم وتلوين

قبل القراءة:

- ماذا ترون على الغلاف؟ هيا نقرأ العنوان معًا.
- ماذا تعرفون عن الضفادع؟ (أين تعيش؟ ماذا تأكل؟)
- كيف تصطاد الضفادع الحشرات؟

أثناء القراءة:

- أوّلاً سنقرأ الكتاب معًا ونشير إلى الكلمات.
- انتبهوا إلى الحروف التي تعبّر عن أصوات: هم! هم!
- انتبهوا إلى هذه العلامة (!). متى نراها؟
- انتبهوا إلى الفرق بين نطق "الفتحة" ونطق "الألف": قوقَع / ذبابة.
- انتبهوا إلى الفرق بين نطق "الضمّة" ونطق "الواو": خُنفُس / دودة.